¡Wow!
Tu cuerpo

Un libro de hechos extraordinarios

McCann, Jacqueline
    ¡WOW! Tu cuerpo / Jacqueline McCann ; ilustraciones Ste Johnson ;
traducción María Patricia Esguerra. -- Bogotá : Panamericana Editorial,
2020.
    36 páginas : ilustraciones ; 27 cm.
    ISBN 978-958-30-6132-5
    1. Anatomía humana - Literatura infantil 2. Cuerpo humano
-Literatura infantil 3. Libros ilustrados para niños I. Johnson, Ste, ilustrador
II. Esguerra, María Patricia, traductora III. Tít.
I611 cd 22 ed.
A1661619
        CEP-Banco de la República-Biblioteca Luis Ángel Arango

Primera edición en Panamericana Editorial Ltda.,
agosto de 2020
Título original: *Wow! Your Body*
© 2014 Kingfisher un sello editorial de Pan Macmillan
© Textos: Jacqueline McCann y Emma Dods
© Ilustraciones: Marc Aspinall y Ste Johnson
© 2020 Panamericana Editorial Ltda.,
de la traducción al español.
Calle 12 No. 34-30
Tel.: (57 1) 3649000
www.panamericanaeditorial.com
Tienda virtual: www.panamericana.com.co
Bogotá D. C., Colombia

Editor
Panamericana Editorial Ltda.
Edición
Luisa Noguera Arrieta
Traducción del inglés
Patricia Esguerra
Diagramación
CJV Publicidad y Edición de libros

ISBN 978-958-30-6132-5

¡Wow!
Tu cuerpo

Un libro de hechos extraordinarios

Jacqueline McCann y Emma Dods

PANAMERICANA
EDITORIAL
Colombia • México • Perú

¿Qué somos?

Los seres humanos venimos en todas las formas y tamaños, pero, en esencia, todos somos iguales.

Externamente, las personas se ven diferentes entre sí. Tal vez tengamos diferente color de piel, de ojos o de cabello...

... pero todos tenemos un cuerpo, una cabeza, piernas y brazos. Y por dentro, tenemos un cerebro, un corazón y muchos otros órganos que ayudan a que nuestro cuerpo funcione.

Nosotras somos mujeres.

Yo soy un hombre.

¡Nosotros somos niños!

¡El color de mi piel me ayuda a **protegerme** del sol!

Algunas personas tienen un color de piel oscuro. Otras personas tienen la piel blanca. Y la mayoría de personas tienen una tonalidad de piel trigueña.

¡Wow!

Tu cuerpo está hecho principalmente de agua. También tienes 37 000 000 000 000 de células en tu organismo. ¡Eso son 37 billones!

NOSOTRAS somos células. Tal vez seamos pequeñas... ¡pero somos muy **importantes!**

Yo soy una **neurona.**

Las células son los ladrillos que construyen a todos los seres vivientes. Tienes alrededor de 200 tipos de células diferentes ¡y todo lo que sucede en tu cuerpo es debido a ellas!

Tus células trabajan de manera conjunta todo el tiempo para construir órganos, como tu cerebro y tu corazón. También protegen tu cuerpo y te ayudan a combatir enfermedades y dolencias.

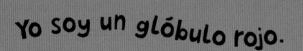

Yo soy un **glóbulo rojo.**

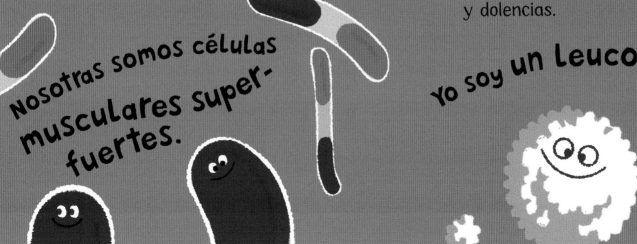

Nosotras somos células musculares super-fuertes.

Yo soy un **leucocito.**

7

Creciendo

Todos iniciamos nuestra vida como un montoncito de células. En forma gradual, crecemos de bebés a niños y luego nos convertirnos en adultos.

¡Tu vida empieza como pequeñas células!

agugú

Los niños crecen muy rápido y aprenden a ser más independientes. A menudo son muy inquietos. ¿Tú lo eres?

Cuando eres un bebé, tienes una cabeza grande y las piernas cortas, ¡pero creces muy rápido! Un bebé necesita mucho amor.

En los países con estaciones, los niños suelen crecer más durante la primavera y el verano.

8

Haciéndose grande

Cuando eres un bebé recién nacido, necesitas que un adulto te alimente y te cuide. A medida que creces, te vuelves más independiente y cada vez necesitas menos de la ayuda de un adulto.

Cuando eres un adolescente, tu cuerpo empieza a cambiar, y ¡bastante!

En el momento en que llegas a los 18 años, ya te has convertido en un adulto y tu cuerpo ha alcanzado casi todo su crecimiento.

Cuando tienes unos 45 años, tu cuerpo empieza a hacerse más lento. Ya no tienes tanta energía como antes. ¡Rayos!

¡No tan rápido, amiguito!

Encanecer

Puede que tu cuerpo deje de crecer cuando llegas a la adultez..., ¡pero tus orejas y nariz, no! Ellas continúan creciendo y creciendo. Tus huesos ya no son tan fuertes como solían serlo y, probablemente, tu cabello se vuelva de color gris.

¡Qué grandes están tus orejas, cariño!

9

Huesos grandes, huesos pequeños

¿Qué es lo que te sostiene? ¡Tus huesos, por supuesto! Si no los tuvieras, seguro serías como una gelatina.

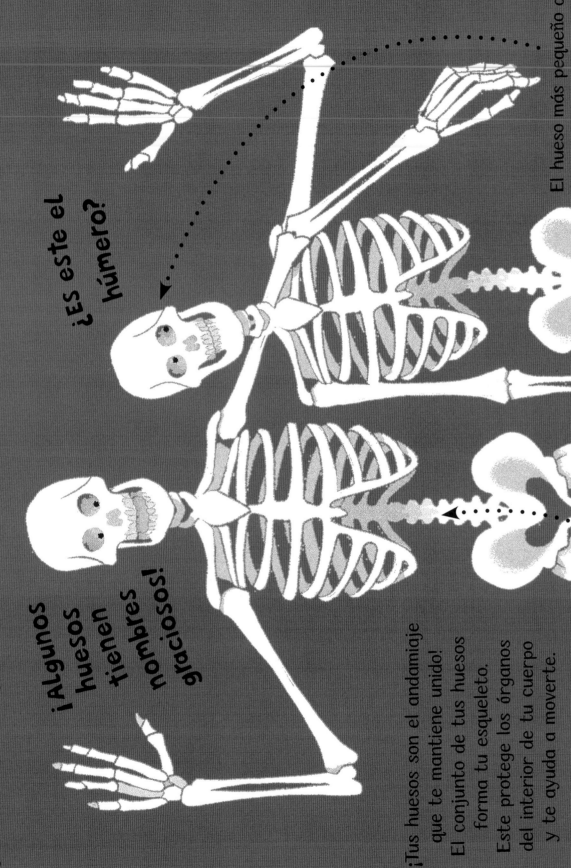

¿Es este el húmero?

¡Algunos huesos tienen nombres graciosos!

¡Tus huesos son el andamiaje que te mantiene unido! El conjunto de tus huesos forma tu esqueleto.

Este protege los órganos del interior de tu cuerpo y te ayuda a moverte.

El hueso más pequeño de tu cuerpo tiene el tamaño de un grano de arroz y está en tu oído.

Al final de tu columna vertebral (en el extremo inferior), hay cuatro pequeños huesos juntos; ¡como si fuera una pequeña cola!

¡Yo también tengo cola!

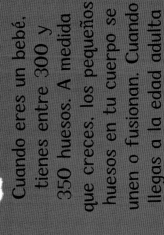

Cuando eres un bebé, tienes entre 300 y 350 huesos. A medida que creces, los pequeños huesos en tu cuerpo se unen o fusionan. Cuando llegas a la edad adulta tienes 206 huesos.

solo en tus pies tienes 52 huesos.

Tu columna vertebral es una cadena de huesos que corre espalda abajo. Los huesos de la columna vertebral y de las piernas te ayudan a mantenerte en pie y caminar.

El hueso más fuerte y largo de tu cuerpo está en tu pierna; se llama fémur.

¡Wow!

Tu cráneo es como un casco que protege tu cerebro. Está compuesto por 22 huesos, que se van uniendo a medida que creces. ¡Tus dientes también hacen parte de tu esqueleto!

Puder muscular

Más de la mitad de tu cuerpo está compuesto de músculos. Su trabajo principal es hacer que tu cuerpo se mueva.

Los músculos le dan soporte a tu esqueleto y mantienen tu forma. Te ayudan a caminar, saltar, correr y hasta a ganar carreras.

¡Permiso, estamos llegando!

Yo soy más rápido; ¡tengo cuatro patas!

Cuando empiezas a correr, tu cerebro envía un mensaje a tus músculos y huesos para ponerte en marcha. Tus músculos trabajan en equipo con tus huesos, extendiéndose y relajándose.

¡**Wow!**

El cuerpo humano tiene más de 650 músculos. ¿Sabías que usas 300 de ellos solo para ponerte de pie?

¿Sabías que tus músculos tienen memoria? Cuanto más practicas algo, mejor lo recuerdan tus músculos, lo que es muy importante cuando aprendes un nuevo deporte.

META

¡**Auch!**

¡Mis glúteos!

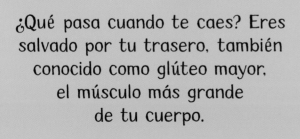

¿Qué pasa cuando te caes? Eres salvado por tu trasero, también conocido como glúteo mayor, el músculo más grande de tu cuerpo.

¡Usas **17 músculos** cuando sonríes!

Corazón y sangre

La sangre es el líquido rojo que alimenta tu cuerpo.
Tu corazón hace el duro trabajo de bombearla por todo tu organismo.

¡La sangre es genial! Contiene pequeñas células que transportan todo aquello que tu cuerpo necesita para ayudarte a respirar, mantenerte calentito, luchar contra enfermedades, pensar y crecer.

Los vasos sanguíneos y las arterias son como carreteras y autopistas que llevan la sangre por todo tu cuerpo.

¡Bombea!

Tu corazón es un órgano compuesto por fuertes músculos que trabajan juntos y coordinados como bombas. Presionan la sangre hacia todo tu cuerpo, luego se relajan, para después apretar de nuevo.

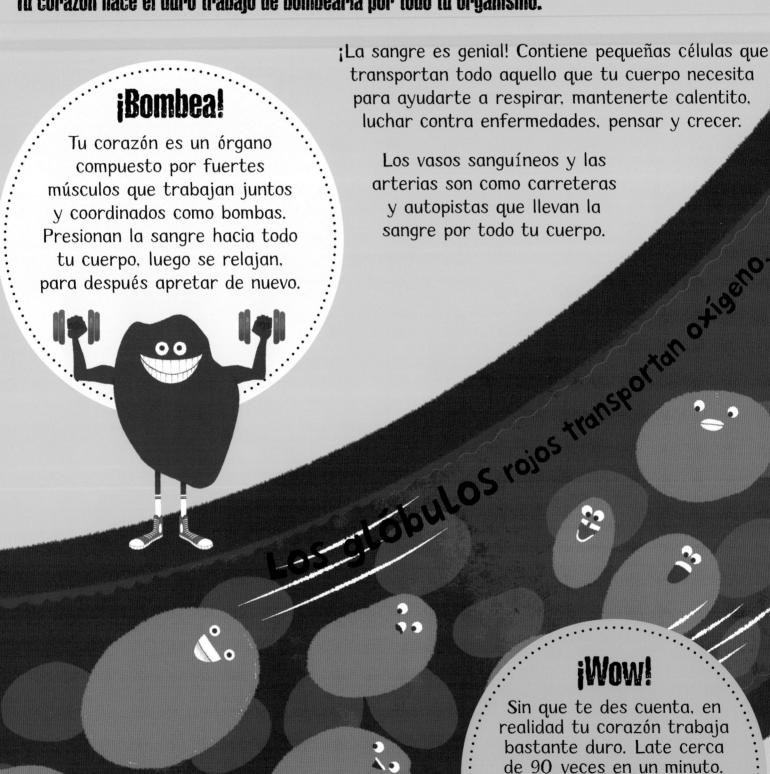

Los glóbulos rojos transportan oxígeno.

¡Wow!

Sin que te des cuenta, en realidad tu corazón trabaja bastante duro. Late cerca de 90 veces en un minuto. ¡Latirá muchos millones de veces durante tu vida!

LoS glóbulos blancos combaten las enfermedades.

Un gran corazón

Tu corazón crece a medida que tú lo haces. No puedes ver tu corazón, pero se encuentra ubicado justo detrás de tus costillas, un poco hacia el lado izquierdo del tórax.

¡Es importante que cuides tu corazón! La mejor forma de conseguirlo es haciendo mucho ejercicio, comiendo frutas y vegetales, y tomando suficiente agua.

¡Vamos a Saltar...!

Tu corazón, sangre y arterias trabajan en conjunto para llevar vitaminas a todo tu cuerpo y así mantenerte en un buen estado de salud. También se llevan cualquier sustancia química que tu cuerpo no necesite.

15

Centro de control

¡Tu cerebro es mucho más poderoso e inteligente que la computadora más increíble del mundo!

Tu cerebro recolecta mensajes que provienen de tu cuerpo y del mundo que te rodea. Almacena toda la información que recibe para que la puedas usar en el momento que la necesites.

La parte de atrás de tu cerebro se encarga de reconocer los colores.

Esta parte controla el movimiento

¡Salta, sin tropezar!

Los mensajes son enviados desde tu cerebro a través del tronco encefálico, y desde ahí son distribuidos por todo el cuerpo.

Soy un supercerebro...

Esta parte es buena para leer, y para diferenciar entre izquierda y derecha.

La parte frontal de tu cerebro trabaja el lenguaje y las matemáticas.

Izquierda derecha $6 + 5 = 11$

HOLA

¡ADIÓS!

¡Salta!

Esta área de tu cerebro te ayuda a entender el lenguaje y la música.

16

... pero el cerebro de un elefante es ¡más grande!

¡Wow!

El elefante tiene el cerebro más grande que cualquier otro animal. Su tamaño es cuatro veces mayor que el de un adulto humano.

Los chimpancés también son inteligentes. Utilizan herramientas para desarrollar tareas (igual que nosotros) y son casi insuperables en algunos juegos de computador.

¿Hay más bananas?

Las ratas y ratones aprenden rápido y son muy buenos resolviendo rompecabezas.

Yo también soy listo.

La piel y el cabello

La piel envuelve tu esqueleto y músculos, manteniéndolos en su lugar. ¿Y qué más hace?

Tu piel es muy parecida a un abrigo a prueba de agua: mantiene la lluvia y los gérmenes a raya. Además de esto, evita que fluidos como la sangre se salgan del cuerpo.

¡Wow!

La superficie de la piel se va desescamando con el roce, y al mismo tiempo se va formando nueva piel debajo.

¡Hola, soy un poderoso ácaro del polvo!

¡Ñam, ñam!

Pequeñas criaturas llamadas ácaros del polvo viven en tu casa, masticando las escamas muertas de tu piel. Están en todas partes, pero son demasiado pequeños para verlos a simple vista.

18

Todo tu cuerpo está cubierto de vello. Los únicos lugares en donde no hay pelo son las palmas de las manos, las plantas de los pies y los labios.

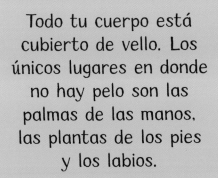

Las raíces de tu cabello, llamadas folículos, también salen de tu piel. Incluso tienes vellos en la nariz. Estos atrapan el polvo y los gérmenes, para que no los inhales.

¿De qué color es tu cabello?

Es verdad

El cabello lacio crece de folículos redondos. El cabello rizado crece de folículos ovalados.

El cabello rojo es el color de cabello más raro del mundo.

Las personas rubias tienen más cabellos en la cabeza que otras personas.

Todos perdemos entre 50 y 150 cabellos al día. ¡El mío ha dejado de crecer!

Yo tengo vello arriba del labio superior. Se llama bigote.

Los ojos y los oídos

Hay cinco sentidos principales que te permiten conectarte con el mundo: olfato, tacto, gusto, vista y oído.

¿Quién es una linda guacamaya?

Tus ojos están en el frente de tu cara, mirando hacia delante. Eso significa que puedes mirar para el frente y un poco hacia los lados, pero no puedes ver detrás de ti.

La luz entra en tu pupila —el punto negro en la mitad de tu ojo—, pero es tu cerebro el que te dice qué estás viendo.

Veo, veo

Tus ojos son muy poderosos, pueden recibir más información que el telescopio más grande del mundo.

20

¡Te escucho, capitán!

¡Para oreja!

La parte externa del oído (oreja) está diseñada para captar sonidos y canalizarlos hacia su interior. Pequeños vellos recogen las vibraciones y envían mensajes hacia tu cerebro.

Los animales y los pájaros generalmente tienen una mayor capacidad para ver y oír que los humanos.

Una guacamaya es una especie de loro. Tiene los ojos ubicados a ambos lados de su cabeza. lo que quiere decir que puede ver todo a su alrededor. incluso detrás.

¡Rua-rua!

¡Wow!

Los oídos no solo te permiten oír; también te ayudan a equilibrarte. Ellos le dicen a tu cuerpo que en las noches estás acostado o de pie durante el día.

Como todos los loros. las guacamayas oyen muy bien. Pueden escuchar ciertos sonidos agudos que la gente no alcanza a oír.

Oler, saborear y tocar

Imagina por un segundo que no pudieras oler tu comida favorita o saborear una jugosa manzana. ¿Y qué pasaría si no pudieras sentir lo que tocas?

¿Cómo sabes si algo huele mal, o si es dulce o ácido? Pequeñas células inteligentes en la parte posterior de tu nariz envían un mensaje hasta tu cerebro para que lo sepas.

El pastel se siente esponjoso...

Snif...

Si no tuvieras el sentido del tacto, no podrías saber si algo está caliente o frío, o si es puntiagudo, suave o carrasposo.

A medida que envejeces, pierdes gradualmente los sentidos del olfato y del gusto.

Un bebé también aprende cómo se sienten las cosas al tocarlas con su boca.

Tu sentido del olfato también está conectado con tu memoria. El pasto recién cortado puede hacerte pensar en un paseo por el parque. ¿O tal vez unas medias que huelen mal te hacen pensar en tu hermano mayor?

¡HueLe muy bien... y Sabe delicioso!

El primer sentido que un bebé usa cuando nace es el del olfato.

¡Wow!

Tu nariz reconoce más de 10 000 olores diferentes. Es tu sentido del olfato el que más información te brinda sobre lo que estás probando.

Tu lengua es la parte más sensible de tu cuerpo. Tiene unas 5000 papilas gustativas que te ayudan a diferenciar entre varios sabores.

UVaS SueLtaS...

23

¡Se va hacia abajo!

¿Qué pasa con tu almuerzo después de que lo has olido, lo has saboreado y te lo has comido? ¡Veamos!

Cuando la comida está en tu boca, tu organismo empieza a partirla en pequeños pedazos. Primero actúan tus dientes...

Abre grande.
¡La comida va en camino!

1

Los dientes afilados cortan.

2

Los molares que se encuentran atrás, aplastan.

3

El líquido llamado saliva se mezcla con tu comida.

4

Tu lengua ayuda a empujar la comida hacia la parte de atrás de la boca.

5

La úvula evita con su movimiento que la comida se vaya por el camino equivocado.

24 ¿Estamos almorzando?

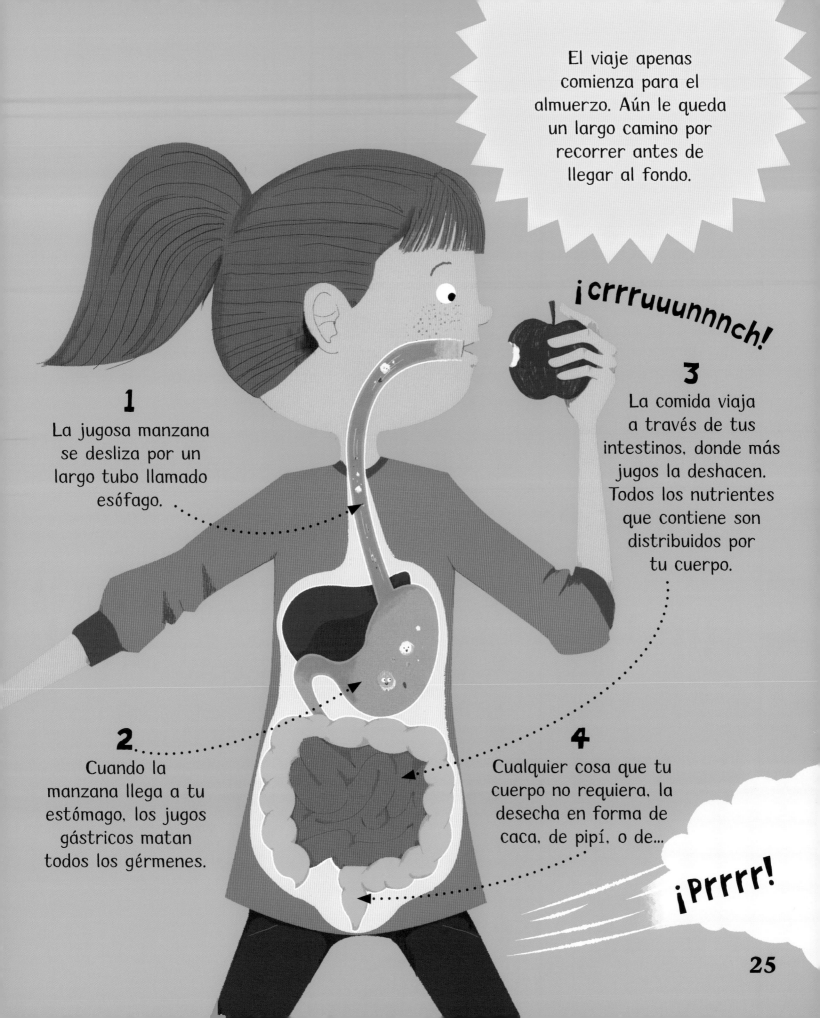

Barriguita revuelta

A veces hay gases que se escapan de tu cuerpo, ya sea a través de un eructo o de un pedo. ¿Alguna vez te ha pasado?

Se necesita más de un día para que la comida entre por un lado del cuerpo y salga por el otro. Tu cuerpo expulsa lo que no necesita en forma de caca y de pipí.

Cuando comes o bebes algo, respiras aire que está compuesto por gases. Las bacterias intestinales también producen gases. Al final, todos esos gases necesitan salir.

Pedos y eructos...

... son ruidosos

¡Prrr!

¡Pero es normal expulsarlos!

Todos pasamos en promedio unos tres años de nuestra vida en el baño. ¡Guácala!

Comida gaseosa

Fríjoles, repollo, alcachofa, guisantes, manzanas y coles, todos estos alimentos te pueden producir muchos gases. ¡Pero son muy buenos para ti!

26

Los científicos han pasado mucho tiempo estudiando qué sucede cuando los astronautas sueltan un pedito en el espacio. Los pedos no van a ninguna parte, tan solo quedan flotando.

Los trajes de los astronautas están equipados con filtros especiales que eliminan los gases venenosos.

En el **espacio**, nadie puede escucharte si...

...¡sueltas un **pedito!**

¿Ya es de noche?

Buenas noches

¿Por qué es tan importante dormir? ¿Tu cuerpo hace algo cuando estás acurrucado, durmiendo profundamente?

Dormir te ayuda a recordar cosas y a aprender; por eso es conveniente que te acuestes temprano durante los días que asistes al colegio. Los niños necesitan entre 10 y 12 horas de sueño por noche.

La mayoría de las personas demoran en dormirse alrededor de 7 minutos.

Mientras duermes, tu cuerpo trabaja muy duro, haciendo crecer músculos y huesos.

¡Zzzzzz!

¡Wow!

Pasarás más o menos un tercio de tu vida durmiendo. Así que si vives hasta los 90 años, ¡serán 30 años de ronquidos y siestas!

28

¿Qué sucede si no duermes lo suficiente? Tu cuerpo no trabaja con toda su capacidad, tus reacciones son más lentas y te resulta más difícil concentrarte. Además, es muy probable que estés de mal humor durante el día.

¡Dulces sueños!

¿Por qué soñar?

Nadie sabe con certeza por qué soñamos. Los científicos piensan que tal vez podría ser una buena forma de ordenar nuestros recuerdos o de organizar nuestro cerebro después de haber tenido un duro día de trabajo.

¡Algunas personas hacen cosas increíbles cuando están dormidas! Se levantan de sus camas para dar un paseo (es lo que se llama sonambulismo) o a tocar el piano. Los sonámbulos incluso pueden cocinar o pintar hermosos cuadros.

¡Silencio! Sabrás más datos interesantes enseguida...

Cuerpo surprendiente

Tu cuerpo realiza cosas increíbles de manera involuntaria; estos son los reflejos.

¡Ja, ja, ja!
¡Ji, ji, ji!

¿Eres cosquilloso?

Es imposible que te hagas cosquillas a ti mismo; como tu cerebro sabe lo que está pasando, entonces ignora las cosquillas. ¡Solo funciona si alguien más lo hace por ti!

¡cosquillas,

30 cosquillas!

Es probable que pienses que tienes el control de tu cuerpo, pero son tus reflejos los que te permiten...

... pestañear si algo toca tu ojo.

... bostezar cuando tienes sueño.

... tener hipo sin saber por qué.

... toser y estornudar. ¡Aaaachú!

... temblar cuando sientes frío... o cuando tienes miedo.

¡Quédate quieto!

¡No puedo!

¡Pararse con una pierna no es fácil! Pero incluso para pararte con las dos piernas tienes que equilibrar tu peso o si no te caes.

Si das entre ocho mil y diez mil pasos cada día, entonces, durante toda tu vida habrás caminado la misma distancia que hay al dar cuatro vueltas alrededor de la Tierra.

¡Es hora de moverse! Camina por aquí... ¿Para dónde vamos?

¡Wow!

¿Alguna vez has notado las pequeñas formas en espiral o patrones que tienes en las puntas de los dedos? Esos patrones se llaman huellas dactilares. ¡Cada patrón de estos es único!

Es cierto

No solo tus huellas dactilares son exclusivas; también lo son las huellas de los dedos de tus pies. Tus labios, los lóbulos de tus orejas, las formas de tu lengua e incluso tus dientes son únicos.

Sabiduría ancestral

Hace miles de años, los antiguos egipcios y romanos tenían algunas ideas divertidas sobre los cuerpos.

Los antiguos egipcios eran muy inteligentes, después de todo; ¡construyeron las pirámides! Pero, por extraño que parezca, cuando los gatos morían, ¡sus dueños se afeitaban las cejas!

Los antiguos reyes egipcios, llamados faraones, tenían personas que trabajaban para ellos como limpiadores oficiales de lágrimas.

Mi gato murió. ¡Ahora debo afeitarme las cejas!

¡Qué horror!

Hace unos 3000 años, en el antiguo Egipto, si tenías mal aliento, el dentista ponía un ratón recién muerto en tu boca para curarte. ¡Guácala!

Los antiguos romanos usaban **excremento** de paloma para aclarar el color de su cabello.

¡Plaf!

Los romanos fueron los primeros en construir hospitales. Un famoso doctor de origen romano llamado Galeno descubrió que la sangre fluye a través de las arterias.

La baba producida por los caracoles era usada para tratar quemaduras y hemorragias nasales en la antigua Roma.

¡Ven por aquí para ver cosas apestosas!

Cosas apestosas

¿Has notado que tu cuerpo produce mucha suciedad? Desde pies sudorosos hasta caca, mocos y cera en los oídos.

En la Edad Media (hace unos 650 años), la gente usaba la baba de caracol para tratar el dolor de garganta.

Tus pies son la parte más sudorosa de tu cuerpo, pero el sudor que se produce mantiene la piel de los pies suave y flexible para que puedas caminar, correr y bailar.

La cera de los oídos es una sustancia pegajosa que mantiene tus oídos limpios y aleja los insectos.

¡La cera de oídos puede ser amarilla, gris anaranjada o verde!

¡Aaachú!

¡Wow!

Tu cuerpo produce más de un litro de moco por día. Eso es el equivalente a un cartón de jugo. El moco mantiene tus vías aéreas limpias y te protege de microbios desagradables.

Tus estornudos viajan más o menos a 160 kilómetros por hora; cada estornudo puede tener alrededor de 100 000 gérmenes. ¡Llevar listo el pañuelo es muy importante!